CATALOGUE D'ESTAMPES

ANCIENNES
DES ÉCOLES FRANÇAISE ET ANGLAISE
DU XVIIIe SIÈCLE

ORNEMENTS

DESSINS

Par FRAGONARD, SAINT-AUBIN

TRÈS BEAUX DOCUMENTS RELATIFS A LA DÉCORATION PAR DES ARTISTES DU XVIIe ET DU XVIIIe SIÈCLE

LIVRES

RELATIFS AUX BEAUX-ARTS

*Provenant de la collection de M. de S.-M****

DONT LA VENTE AUX ENCHÈRES PUBLIQUES AURA LIEU

HOTEL DES COMMISSAIRES-PRISEURS, RUE DROUOT, 9
SALLE N° 10

Les Lundi 10 et Mardi 11 Avril 1893.

à deux heures précises.

Me MAURICE DELESTRE	M. JULES BOUILLON
Commissaire-priseur	Marchand d'Estampes de la Bibliothèque nationale
27, RUE DROUOT, 27	3, RUE DES SAINTS-PÈRES, 3

PARIS, 1893

CATALOGUE

D'ESTAMPES

ANCIENNES

DES

ÉCOLES FRANÇAISE ET ANGLAISE DU XVIIIe SIÈCLE

CATALOGUE
D'ESTAMPES
ANCIENNES
DES ÉCOLES FRANÇAISE ET ANGLAISE
DU XVIIIe SIÈCLE

ORNEMENTS

DESSINS
PAR FRAGONARD, SAINT-AUBIN

TRÈS BEAUX DOCUMENTS RELATIFS A LA DÉCORATION PAR DES ARTISTES DU XVIIe ET DU XVIIIe SIÈCLE

LIVRES
RELATIFS AUX BEAUX-ARTS

*Provenant de la collection de M. de S.-M****

DONT LA VENTE AUX ENCHÈRES PUBLIQUES AURA LIEU

HOTEL DES COMMISSAIRES-PRISEURS, RUE DROUOT, 9
SALLE N° 10

Les Lundi 10 et Mardi 11 Avril 1893.

à deux heures précises.

Par le ministère de Me **MAURICE DELESTRE**, Commissaire-Priseur, Rue Drouot, 27.

Assisté de **M. JULES BOUILLON**, marchand d'estampes de la Bibliothèque nationale, rue des Saints-Pères, 3.

EXPOSITION PUBLIQUE : Le Dimanche 9 Avril 1893

De deux à cinq heures.

CONDITIONS DE LA VENTE

Elle sera faite au comptant.

Les Acquéreurs payeront CINQ POUR CENT en sus des enchères, applicables aux frais de vente.

M. Jules BOUILLON, chargé de la vente, se réserve la faculté de réunir ou de diviser les lots.

ORDRE DES VACATIONS

Lundi 10 avril :	Estampes.....................	Nos 77 à 179
—	Ornements....................	178 à 276
Mardi 11 avril :	Dessins......................	1 à 76
—	Livres.......................	277 à la fin

DÉSIGNATION

DESSINS

ANONYME

1 — Bergers gardant leur troupeau.

Peint en grisaille sur papier.

BELANGÉ (H.)

1 *bis* — Sujets relatifs à l'histoire de la Révolution.

Suite de douze dessins à l'aquarelle.

BELLE (Et. de La)

2 — Triomphes.

Cinq dessins à la plume.

BERAIN (J.)

3 — Quart de plafond.

Dessin à la plume au recto et au verso.

BOUCHER (F.)

4 — Mars et Vénus. Composition allégorique.

A la plume et lavis de sépia.

BOUCHER fils

5 — Modèles de tables.

A la plume et lavis d'encre de Chine.

CAUVET (G.-P.)

6 — Décoration d'un salon, avec cheminée au milieu.

A la plume et lavis d'encre de Chine.

CORNILLE

7 — Dessin d'un buffet, avec portes vitrées.

A la plume et lavis d'encre de Chine.

CUVILLIER

8 — Ornementation pour un bout de galerie.

Au crayon noir.

DE RUE

9 — Vue d'un port, — Bœufs au bord d'une rivière.

Deux dessins à l'aquarelle.

DESRAIS (C.-L.)

10 — Portrait d'homme en buste, dans un médaillon posé sur des draperies.

A la plume et lavis de sépia.

DIVERS

11 — Plafonds.

Quatre dessins à la plume et au lavis de bistre et d'aquarelle.

12 — Etudes d'architecture pour galeries et plafond.

Cinq dessins à la sanguine, au lavis de bistre et encre de Chine.

13 — Trophée, — Vases, — Cartouches, — Amours sur des dauphins.

Quatre dessins à la plume et sanguine.

14 — Cheminée. Moitié de cartouche par un artiste allemand, daté de 1551.

Trois dessins à la plume et au lavis d'encre de Chine.

15 — Porte et Plafond au palais de Fontainebleau, ornements divers.

Six dessins sur papier calque.

16 — Renommée, — La Victoire, — La Musique, etc.

Dix dessins par Gandolfi, Lanfranc, Signani, d'après Boucher, etc.

17 — Chiens, fleurs et oiseaux.

Six dessins dont un peint à l'huile sur papier.

DUFLOS

18 — Portrait de la reine Marie-Antoinette en grand costume de cour.

Au crayon noir et sanguine.

DUFLOS

19 — Costumes militaires, civils et religieux, représentant les grades, les rangs et les dignités, suivant le costume de toutes les nations existantes.

Deux cent cinquante dessins au crayon noir, à la sanguine et à la plume.

DURER (Albert.)

20 — Chouette et oiseaux fantastiques.

Dessin en forme de frise, à la plume.

ÉCOLE ALLEMANDE DU XVIe SIÈCLE

21 — Cariatides, — Cartouches, — Encadrements, — Fleurons, — Grotesques, etc.

Vingt-trois dessins à la plume ; plusieurs portent des monogrammes et des dates.

ÉCOLE ITALIENNE XVIIe SIÈCLE

22 — Encadrement pour plafond ou bordure.

Au crayon noir, rehaussé de blanc.

23 — Modèles de berceaux. Sept sujets sur une même feuille.

A la plume.

24 — Vases, — Chapiteaux, — Fontaines, — Cariatides, etc.

Quinze dessins à la plume et lavis de sépia ou d'encre de Chine.

25 — Plafond et motifs d'architecture.

Trois dessins au lavis d'encre et d'aquarelle.

26 — Arabesques avec bordures, pour plafonds.

Deux dessins à l'aquarelle.

ÉCOLE FLAMANDE

27 — Le Pont de bois, — Entrée de la Grotte du Pausilippe.

Deux dessins au crayon noir et lavis d'encre de Chine.

ÉCOLE FRANÇAISE XVIIIe SIÈCLE

28 — L'Heureuse mère.

A la plume et lavis d'encre de Chine.

ÉCOLE FRANÇAISE XVIIe SIÈCLE

29 — La Danse, — Le Pauvre rentier.

Deux dessins pour éventails, faisant pendants, au lavis d'encre de Chine.

30 — Pastorales.

Deux dessins pour éventails, faisant pendants, au lavis d'encre de Chine.

31 — Le Goûter au bord de l'eau, — Le Rendez-vous. —

Deux dessins pour éventails, au lavis d'encre de Chine.

32 — Console, — Cheminée avec glace, — Quart de plafond, — Mascaron pour haut de porte cochère, — Trophées.

Cinq dessins au crayon noir, à la plume et lavis d'encre de Chine.

33 — Plafonds.

Deux dessins à la plume et lavis d'encre de Chine.

34 — Frises arabesques pour plafonds, — Chiffres et armoiries royales.

Six dessins à la plume.

35 — Petits médaillons pour décoration de boutons.

Au crayon et encre de Chine.

ÉCOLE MODERNE

36 — Modèles de cachets, imités du XVIe siècle.

A la plume et lavis d'encre de Chine.

EISEN (CH.)

37 — Figure de femme et amours sur des nuages.

A la sanguine.

38 — Torchère avec figure de femme appuyée sur un coin de cheminée.

A la sanguine.

EISEN (Ch.)

39 — Fontaine dans un parc.

A la plume.

FAUVEL

40 — Colonne de Pompée.

Aquarelle.

FRAGONARD (H.)

41 — La Fuite à dessein.

Première pensée de la composition peinte par Fragonard, étude de la jeune femme presque nue.

Au crayon noir.

GEROLDSAU

42 — Cascade aux environs de Baden-Bade, — Paysage avec rochers.

Deux aquarelles.

GIRODET

43 — La Toilette de Vénus.

Au crayon noir.

HUET (J.-B.)

44 — Fontaine soutenue par des amours.

A la sanguine.

45 — Groupe d'amours et fleurs.

A la plume et lavis de sépia.

HUYSUM (Van)

46 — Feuillages.

Deux dessins à la plume et sanguine.

KNELLER

47 — Portrait de jeune femme vue à mi-corps.

Au crayon et encre de Chine.

LAFITTE

48 — Voiture escortée d'un régiment de cavalerie.

Au lavis d'encre de Chine.

LAFITTE

49 — Bataille.

Dessin en forme de frise, à la plume et lavis d'encre de Chine.

LA JOUE

50 — Cartouche pour titre de carte géographique, — Mappemonde dont le pied est formé par des dauphins.

Deux dessins au lavis d'encre de Chine et aquarelle.

LALONDE

51 — Décoration pour cheminées et glaces.

Dix dessins à la plume et lavis.

MARATE (C.)

52 — Angélique et Médor.

Auxayon s noir et blanc.

MITELLI

53 — Mascarons.

Deux dessins à l'encre de Chine et sépia.

MOREAU (L.)

54 — Avenue dans un parc, avec jet d'eau.

Aquarelle.

NATOIRE (C.)

55 — L'Amour endormi.

Aux trois crayons.

PANNINI (G.-P.)

56 — Modèle d'ostensoir.

A la sanguine.

PELLEGRINI (Domenic Tibaldi, dit)

57 — Décoration pour une galerie.

A la plume et lavis de sépia.

PINEAU

58 — Modèle de console.

A la sanguine.

PIPPRE (S. Le)

59 — Rendez-vous de chasse.

A la plume et lavis d'encre de Chine et d'aquarelle.

PUJOS

60 — Portrait en buste d'une jeune femme vue de face.

Aquarelle.

SAINT-AUBIN (Aug. de)

61 — *Promenade dans le jardin du Palaïs-Royal.*

Jolie composition avec seigneurs et dames sur le devant, en riches costumes, se promenant et conversant.

Au lavis d'encre de Chine.

62 — Jeune femme en buste vue de face, les coudes appuyés sur une table.

Croquis au crayon noir.

63 — Soldats au cabaret.

Au crayon noir.

64 — Une fête à la cour.

A la plume et lavis de sépia, rehaussé de blanc.

TIEPOLO

65 — Figures allégoriques pour plafond.

Deux dessins à la plume et lavis de sépia.

66 — Figures de femmes et satyres, pour plafond.

A la plume et lavis de sépia.

TRINQUESSE

67 — *Joueuse de mandoline.*

Jeune femme en grande toilette, coiffée d'un fichu avec nœud sur le devant, assise sur un banc, jouant de la mandoline.

A la sanguine.

TRINQUESSE

68 — *L'Attente.*

Jeune femme assise sur uue chaise, un fichu sur les épaules, coiffée d'un bonnet avec nœud sur le devant.

A la sanguine.

69 — *La Confidence.*

Jeune femme assise dans un fauteuil, écoutant avec attention une autre jeune femme près d'elle étendue sur une chaise longue.

A la sanguine.

70 — *La Rêveuse,*

Jeune femme étendue sur une chaise longue, la robe tombant jusqu'à terre.

Très belle contre-épreuve d'un important dessin à la sanguine.

71 — Jeune femme assise dans son intérieur.

Au lavis de bistre.

UDINE (J.-D.)

72 — Arabesques pour plafonds.

Trois dessins à la plume.

WATTIER (Emile)

73 — Jeune femme assise par terre et études de têtes.

Aux trois crayons.

WITT (J.-D.)

74 — Figures allégoriques. Deux compositions pour plafond.

A la plume et lavis d'encre de Chine.

ZUCCARO

75 — Plafonds.

Deux dessins à la plume et lavis de sépia.

ZUCCARO ET AUTRES

76 — Amours, vases et croquis.

Cinq dessins à la plume et lavis de sépia.

ESTAMPES

DES ÉCOLES FRANÇAISE ET ANGLAISE

ANONYME

77 — *Olisva* (Mlle Le Guet d'Esigny d'). In-8 en bistre.
Très belle épreuve, grande marge.

AVELINE (P.)

78 — Les Saisons. Suite de quatre pièces en hauteur, plus trois doubles : sept pièces.
Bonnes épreuves.

79 — Le Toucher.
Belle épreuve.

80 — La Folie, d'après C. de Vischer.
Très belle épreuve.

BAUDOIN (d'après P.-A.)

81 — Le Carquois épuisé, par N. de Launay (E. B. 11).
Superbe épreuve avant la lettre, sans marge.

82 — Le Couché de la mariée, gravé à l'eau-forte par J. M. Moreau, et terminé au burin par J. B. Simonet, 1768 (16).
Très belle épreuve.

83 — Le Lever, — La Toilette. Deux pièces faisant pendants, gravées par Massard et N. Ponce, 1771 (29 et 48).
Très belles épreuves.

84 — Marton, par N. Ponce (31).
Très belle épreuve, marge.

BEAUVARLET (J.-F.)

85 — L'Expérience sur l'électricité, d'après A. P. Van-Loo.
Très belle épreuve avant la lettre.

BELLANGE (J.)

86 — Melchior, roi de Nubie (R. D., 33).
Belle épreuve.

BELLE (Et. de La)

87 — Maures à cheval, — Exercices de cavaliers et d'hommes d'armes. Quatre pièces.

88 — Cartouches et frises. Cinq pièces.

Belles épreuves.

BINET (d'après)

89 — Réunion de vignettes in-8 et in-4 pour les œuvres de Rétif de la Bretonne. Vingt-sept pièces.

Belles épreuves.

BOILLY (d'après L.)

90 — Poussez ferme, par Petit.

Belle épreuve, sans marge.

BONNET (L.-M.)

91 — The Pleasures of education, — Provoking fidelity. Deux pièces en couleur, dans des bordures rehaussées d'or, faisant pendants.

Très belles épreuves.

BONNET (A Paris chez)

91 *bis* — Marie-Josèphe-Louise de Savoie, Madame et les Dames d'honneur. Pièce in-8, en bistre.

Très belle épreuve. Rare.

BOUCHER (d'après F.)

92 — Le Déjeuné, par Lépicié.

Très belle épreuve, grande marge.

93 — Monument funèbre à la mémoire de Mlle Sandow, de Berlin, par Ebertz.

Très belle épreuve avant la lettre, marge. Rare.

94 — Le Poète, — L'Eau, — L'Amour oiseleur, — L'Amour moissonneur. Quatre pièces gravées par Duflos et Lépicié.

95 — Groupes d'amours et titres de diverses suites. Dix pièces gravées par Demarteau, La Rue, Daullé, etc., dont deux imprimées en sanguine.

Belles épreuves.

BOUCHER (d'après F.)

96 — Groupes pour la manufacture de Sèvres. Trois pièces gravées par Aveline.

Très belles épreuves.

97 — Costumes et sujets divers gravés par Ravenet, Demarteau et Dazincourt. Sept pièces imprimées en noir, ou en sanguine.

98 — Costumes et scènes dans le genre chinois. Six pièces gravées par Aveline et autres.

Belles épreuves.

CATHELIN

99 — Elisabeth Philippe Marie Hélène de France, d'après Ducreux. In-4.

Belle épreuve, marge.

CHODOWIECKI (D.) ET AUTRES

100 — Costumes et coiffures, pour un almanach de poche et autres. Dix-sept pièces.

Belles épreuves.

CHOFFART (P.-P.)

101 — En-tête pour les Métamorphoses d'Ovide, — Ecussons. Quatre pièces.

Epreuves avant la lettre.

COCHIN (C.-N.)

102 — Sujets d'amours dans des paysages, — En-têtes pour un livre in-4 sur les sciences.

Belles épreuves.

DE NON

103 — *Abruzzi* (Isabella), d'après madame Lebrun. In-8, en bistre.

Très belle épreuve, marge.

DESRAIS (d'après C.-L.)

104 — Costumes, hommes et femmes. Douze sujets pour un almanach de poche.

Belles épreuves. Rares.

DESRAIS, LE CLERC ET WATTEAU

105 — Costumes tirés de la Galerie des modes et costumes français, 1778. Six pièces, portant les nos 39, 123, 266, 279, 301 et 307.

Très belles épreuves.

DESRAIS ET DUHAMEL

106 — Costumes tirés du Cabinet des modes. Quatorze pièces, en couleur.

Très belles épreuves.

DIVERS

107 — Paysages, — Animaux et sujets divers, — Ornements et fleurs, par différents artistes. Quarante-trois pièces.

108 — Paysages, — Animaux et Vues de châteaux, par Roos, Silvestre, Ruisdael, Waterloo, etc. Dix-neuf pièces.

109 — Costumes et études de têtes, etc. Six pièces par Duflos, Bonnart, Watteau et Le Prince.

110 — Belle réunion de vignettes pour illustration d'ouvrages du XVIIIe siècle, d'après Boucher, Eisen, Moreau, Gravelot, Bolomey, Binet, etc. Quatre-vingt-dix pièces.

Belles épreuves.

111 — Fleurons, par Eisen, Marillier, Fokke, B. Picart, Gravelot, etc. Quatorze pièces, en épreuves tirées hors texte.

112 — Jeux d'enfants, — Fleurons, etc., d'après Gravelot, Cochin, etc. Cinq pièces.

Belles épreuves.

113 — Portraits de Henri IV, par L. Gautier, — Jean van *Ach*, par Saenredam, — Portraits de toutes les reines de France, depuis Argote, femme de Pharamond Ier jusques à la très Auguste Royne Marie-Thérèse d'Autriche, etc. Quatre pièces.

114 — Académie et sujets divers, d'après Vanloo, Cochin, Moreau et Tiepolo. Cinq pièces.

DUCLOS (d'après A.-J.)

115 — Quatre vignettes in-8, gravées par Thérèse Martinet, Patas et Duhamel, pour Lucile, comédie.

Très belles épreuves, toutes marges.

DURER (Albert)

116 — Le Petit saint Jérôme (B., 62), — La Sainte Véronique (B., 64), — Le Jugement de Pâris (B., 65). Trois pièces, copies par Petrack.

Belles épreuves, marges.

ÉCOLE ALLEMANDE DU XVIe SIÈCLE

117 — Estampes diverses, par G. Pencz, V. Solis, H. S. Beham, Altdorfer, L. de Leyde, Aldegrever, — La Mélancolie, par Wierix, d'après Durer, etc. Neuf pièces.

Bonnes épreuves.

ÉCOLE FRANÇAISE XVIIIe SIÈCLE

118 — Nouvelle Polonoise garnie de rubans, — Les Bons Amis, ou le Plaisir de la danse. Deux pièces in-fol., très curieuses pour les costumes, coloriées.

Très belles épreuves. Rares.

119 — Fleuron aux armes du Roi. In-8.

Epreuve non entièrement terminée.

120 — Petits médaillons pour décoration de boites de montres. Trente-neuf pièces.

EISEN (Ch.)

121 — Les Trois Grâces. Jolie pièce gravée à l'eau-forte.

Très belle épreuve, toute marge.

FLEISCHMAN

122 — *Marie-Charlotte*, fille de Louis XVI. In-8.

Epreuve avant la lettre, sur chine.

FRAGONARD (d'après H.)

123 — Les Hazards heureux de l'escarpolette, par N. de Launay.

Très belle épreuve, avant la dédicace et avec la faute. La marge du bas est coupée au milieu des armoiries.

124 — Le Songe d'amour, par N. F. Regnault.

Très belle épreuve.

GILLOT (Cl.)

125 — La Collation préparée dans un jardin, gravé par Cochin.

Belle épreuve.

GRAVELOT (d'après H.)

126 — Buste de Louis XV couronné par Apollon et une Muse. In-8.

Belle épreuve, marge.

HOPPNER (d'après J.)

127 — *Mexborough* (Elisabeth, Countess of). In-fol. A Paris, chez Pavard.

Belle épreuve.

HUBER (J.-J.)

128 — *Oligny* (Mlle d'), actrice, d'après Vanloo. In-fol.

Très belle épreuve.

HUET (d'après C.)

129 — Le Chaudronnier, par J. Guelard.

Belle épreuve. Rare.

HUET (d'après J.-B.)

130 — L'Eventail cassé, par Bonnet, en couleur.

Superbe et rare épreuve, avant toute lettre.

131 — Etudes pour les demoiselles. Jolis costumes de femmes, gravés à la sanguine par Guber et publiés chez Bonnet. Quatre pièces.

Très belles épreuves.

JANINET (F.)

132 — Le Baiser de l'amitié, d'après Doublet, en couleur.

Très belle épreuve.

133 — Costume de Mlle Contat, rôle de la Comtesse dans le Jaloux sans amour, — Mlle Renaud cadette, rôle et costume de Vénus dans les Trois Déesses rivales, ou le Double Jugement de Pâris. Deux pièces in-8 en couleur.

Belles épreuves.

134 — Buste de jeune femme avec fichu sur la tête, en couleur.

Belle épreuve, sans marge.

JEAURAT (d'après Et.)

135 — Le Fiacre, — Le Mari jaloux. Deux pièces gravées par Pasquier et Balechou.

Bonnes épreuves.

LANCRET (d'après N.)

136 — Le Glorieux, par N. Dupuis.

Belle épreuve, marge.

137 — Le Philosophe marié, par C. Dupuis.

Belle épreuve, sans marge.

LAVREINCE (d'après N.)

138 — L'Assemblée au salon, par Dequevauviller, 1783 (E. B., 6).

Très belle épreuve, sans marge.

139 — Le Billet doux, — Qu'en dit l'abbé? Deux pièces faisant pendants, gravées par N. de Launay (10 et 51).

Très belles épreuves.

140 — Le Billet doux, par N. de Launay (E. B., 10).

Très belle épreuve, sans marge.

141 — La Consolation de l'absence, par N. de Launay (14).

Très belle épreuve, marge.

LE BARBIER ET LE BOUTEUX

142 — Vignettes in-8 pour les Chansons de La Borde. Six pièces.

Belles épreuves, marges.

LEPRINCE (d'après)

143 — Paysages. Suite de six pièces, dont quatre de forme ovale. In-8.

Très belles épreuves, toutes marges.

LE TELLIER (C. F.)

144 — *Vallayer-Coster* (Anne), d'après elle-même. In-4.

Très belle épreuve. Rare.

LOUTHERBOURG (d'après P.-J. DE)

145 — Le Prince Joseph des Maronittes, — Domestique maronite, — Minette. Trois pièces gravées par Loutherbourg et Mesnel.

Belles épreuves.

MARILLIER (d'après C.-L.)

146 — La Surprise. Vignette in-8, gravée par A.-J. Duclos.

Belle épreuve.

MARTIN (E.)

147 — La Jeune Studieuse. Jolie pièce publiée à Londres en 1776, imprimée en sanguine.

Très belle épreuve, marge.

MARTINI (P.-A.)

148 — Exposition au Salon du Louvre en 1787.

Très belle épreuve.

MOREAU (d'après J.-M.)

149 — La Beauté sans apprêts. Gravé par P. Moithey, 1782 (E. B., 260).

Superbe épreuve avant toute lettre, d'une extrême rareté.

MULLER

150 — Sujets de la Passion de Jésus-Christ, d'après L. de Leyde, etc. Six pièces.

OUDRY (d'après J.-B.)

151 — Le Lion et le Rat. Gravure in-folio pour les Fables de La Fontaine.

Epreuve avant la lettre.

POSSELWHITE

152 — La Curieuse, — L'Indiscrète. Deux pièces, d'après Vidal.

Très belles épreuves d'artiste, sur chine.

PRIEUR

153 — Offrande à Priape. Arabesque de forme ronde imprimée sur fond teinté.

Belle épreuve.

REYNOLDS (d'après sir J.)

154 — *Crosbie* (Diana, viscountess), par W. Dickinson. In-fol. en pied, 1779.

Très belle épreuve.

155 — *Gordon* (Jane Dutchess, of), par W. Dickinson. In-folio.

Très belle épreuve, grande marge.

156 — *Lee* (lady Elizabeth), représentée assise dans un jardin. In-folio.

Très belle épreuve.

157 — Deux dames debout dans un jardin et se tenant embrassées : l'une d'elles porte une corbeille de fleurs. Gravé par Dixon. In-folio en hauteur.

Très belle épreuve.

REYNOLDS (S.-W.)

158 — Portrait d'une jeune femme, vue à mi-corps et dirigée à droite, d'après C.-F. de Bréda. 1796. In-4.

Très belle épreuve avant la lettre, marge.

ROWLANDSON (T.)

159 — The Assaut, or fencing Match, which took place at Carleton House, on the 9th of april 1787, betwen Mademoiselle la chevalière d'Eon de Beaumont, and Monsieur de Saint-Georges.

Très belle épreuve en couleur. Rare.

SAINT-AUBIN (C.-G. DE)

160 — Les Papillons dansant (P. de B., 9).

Belle épreuve. Rare.

SAINT-AUBIN (AUG. DE)

161 — Louise Emilie, baronne de *** (Mme de Breteuil), — Adrienne-Sophie, marquise de *** (Mme A. de Saint-Aubin). Deux pièces faisant pendants (E. B., 7 et 72).

Très belles épreuves.

162 — Les mêmes estampes.

Très belles épreuves, dont une sans marge.

163 — Au moins, soyez discret (E. B., 406).

Superbe épreuve avant la lettre, marge.

SAINT-AUBIN (d'après AUG. DE)

164 — Le Bal paré, — Le Concert. Deux pièces faisant pendants, gravées par A.-J. Duclos (E. B., 402, 403).

Très belles épreuves, grandes marges.

SAENREDAM (J.)

165 — Pièce emblématique sur le bon et mauvais naturel, d'après C. Kettel (B., 106).

Belle épreuve.

SAINT-NON

166 — Paysages et vues d'Italie, gravées à l'eau-forte et au lavis, d'après Leprince, H. Robert, etc. Cinq pièces.

Belles épreuves.

SCHENAU (d'après)

167 — La Prude, — Costumes. Trois pièces gravées par Louise Gaillard.

SMITH (J.-R.)

168 — Love in her Eye sits playing (L'amour se lit dans ses yeux). Gravé à la manière noire, d'après Peters, 1778.

Très belle épreuve, sans marge.

169 — Sylvia. Gravé à la manière noire, d'après Peters, et publié en 1789.

Très belle épreuve.

170 — Nature, d'après G. Romney. In-fol.

Très belle épreuve.

171 — La même estampe, en couleur.

Très belle épreuve.

172 — Portrait d'une jeune femme, représentée à mi-corps, les deux coudes appuyés sur un piédestal. In-folio, en manière noire.

Superbe épreuve avant la lettre.

VAN LOO (d'après C.)

173 — La Confidence, — La Sultane. Deux pièces faisant pendants, gravées par Beauvarlet.

Très belles épreuves.

WARD (W.)

174 — *Benwell* (M^rs), d'après Hoppner. In-4. A Paris, chez Pavard.

Très belle épreuve.

175 — Temptation, d'après H. Ramberg. 1794. In-4, en bistre.

Très belle épreuve. Rare.

WATSON (J.)

176 — Miss Carpenters, Daughters of general Carpenter, d'après Peter Lion. 1772. In-folio.

Très belle épreuve, avec marge.

WATTEAU (d'après Ant.)

177 — *La plus belle des fleurs*, par J.-M. Liotard.

Très belle épreuve, marge.

WILLE (J.-G.)

178 — *Largillière* (Marguerite Elizabeth de), d'après N. de Largillière. In-folio.

Très belle épreuve, marge.

WILLE (P.-A.)

179 — Petit Waux-Hall.

Bonne épreuve.

ORNEMENTS

180 — **Babel** (d'après). Fauteuil, — Encadrement de glace, etc. Trois pièces publiées à Londres en 1752.

Belles épreuves.

181 — **Babin**. Sixième livre de 12 feuilles, supports et couronnements.

Belles épreuves.

182 — **Belley**. Différentes pensées d'ornements, arabesques à divers usages. Sept pièces des copies publiées en Allemagne, par Merz.

Belles épreuves, toutes marges.

183 — **Belle** (E. de la). Frises, mascarons, cartouches, écussons, vases, etc. Trente et une pièces.

Belles épreuves.

ORNEMENTS

184 — **Benard.** Instruments de musique. Quinze pièces.

185 — **Berain** (J.). Panneaux, arabesques, chandeliers, etc. Huit pièces, originaux et copies.

186 — **Berthault.** 11me suite de culs-de-lampe et fleurons, à l'usage des artistes, inventés et dessinés par P.-G. Berthault. Cinq pièces.

Belles épreuve, marges.

187 — **Bodmer** (J.-F.) Modèles pour décoration de manches de couteaux. Deux pièces.

Belles épreuves.

188 — **Boucher** (d'après F.). Hommage champêtre, — Le Triomphe de Pomone, — Le Triomphe de Priape, — Rocaille, — Léda. Cinq pièces, modèles de panneaux ou de tapisseries, gravées par Cochin et Duflos.

Très belles épreuves. Rares.

189 — La Chasse, par Le Prince. Panneau ou motif de tapisserie, en hauteur.

Belle épreuve.

190 — Les Sens, — Les Éléments et autres sujets pour paravents ou tapisseries chinoises. Dix pièces in-fol., en hauteur. Rares.

Belles épreuves.

191 — Diverses fontaines. Suite de sept planches.

Très belles épreuves des copies publiées chez Hertel.

192 — Livre de vases, par François Boucher, peintre du roy. A Paris, chez Huquier. Dix pièces.

Très belles épreuves, grandes marges.

193 — **Boucher** fils (d'après). Meubles et intérieurs d'appartements. Seize pièces.

Belles épreuves.

ORNEMENTS

194 — **Boulanger.** Nouvelles décorations d'appartements, dessinées par Boulanger, sculpteur. Paris, chez Demarteau. Titre et quatre pièces; manque le n° 4.

Belles épreuves. Rares.

195 — **Boyvin et Delaune.** Les Mois de l'année. — Panneaux grotesques animés des divinités du paganisme, etc. Neuf pièces.

Belles épreuves.

196 — **Cauvet** (G.-P.). Montants d'ornements, gravés par Miger et Le Roy. Trois pièces.

Belles épreuves.

197 — **Choffard** (P.-P.). Cartouches. Quatre pièces.

Belles épreuves.

198 — Motifs rocaille, à fleurs. Deux pièces gravées à la sanguine, par Bonnet.

Belles épreuves.

199 — **Clermont.** Différentes pensées d'ornement inventées et dessinées par Clermont, et gravées par Courteille. Titre et une pièce, imprimés en sanguine.

Belles épreuves.

200 — **Cuvilliés.** Livre de portions de plafonds et d'un poële. Cahier de sept planches. A Paris, chez Huquier.

Très belles épreuves, toutes marges.

201 — Livre de cartouches réguliers, nouvellement inventé par François de Cuvilliés, gravé par F.-X. Jungwierth. Six feuilles.

Très belles épreuves, toutes marges.

202 — Livre de plafonds irréguliers, nouvellement inventé par François de Cuvilliès, gravé par Lespilliez. Six pièces.

Très belles épreuves, marges.

ORNEMENTS

203 — **Cuvilliès**. Titres, développements de bordures, cartouches, etc. Neuf pièces de diverses suites.

Belles épreuves.

204 — **Delafosse**. Cahier de lampes, — Encensoirs et cassolettes. Six pièces. — Meubles, calices, etc. En tout, douze pièces.

Belles épreuves.

205 — **Delafosse et Lalonde**. Attributs, — Entrées de serrures, etc. Cinq pièces.

206 — **Demarteau** l'aîné. Plusieurs trophées, dessinés et gravés par Demarteau l'aîné. Six pièces.

Belles épreuves.

207 — **Desprez**. Projet d'un intérieur de galerie, prix d'architecture, remporté par Desprez, architecte. Chez Panseron, graveur.

Très belle épreuve. Rare.

208 — **Divers**. Frises, arabesques, lambris et décorations diverses. Quarante pièces, d'après Oppenort, de Neufforge, Blondel, Mansart, Pineau, etc.

209 — Fontaines, tables, buffets, chandeliers, cartouches, vases, etc., par des artistes du XVIIIe siècle. Trente-trois pièces.

210 — Décorations pour plafonds, par Grosmann, Decker, Meissonier, D. Marot, Haberman, Bacqueville, etc. Seize pièces.

211 — Reproductions d'ornements anciens, tirées de l'ouvrage de Reynard et autres. Soixante-quatre pièces.

212 — Ornements rocaille, trophées, cartouches, vases, tables, orfèvrerie, arabesques, fleurs, etc., par des artistes du XVIIIe siècle. Quarante-deux pièces.

ORNEMENTS

213 — **Divers.** Fleurons, en-têtes de pages, titres, etc., pour illustration d'ouvrages du XVIIIe siècle, par Babel, Choffart, Cochin, Eisen, Marillier, Moreau, Le Barbier, B. Picart, Boucher, De Sève, Ficquet, etc. Cent soixante-dix pièces.

214 — Décorations d'appartements, fleurons, ornements, rocaille, etc. Treize pièces, par Haberman, J. Mansart, Babel, La Joue, Nilson, Eisen, etc.

215 — Oiseaux et animaux divers, par La Belle, Sneyders, Gillot, F. Barl, Aveline, Sympson, etc. Dix-sept pièces.

216 — Modèles tirés de l'Encyclopédie pour les métiers d'orfèvre, luthier et perruquier. Huit pièces.

217 — Groupes d'amours, portraits, arabesques, fleurons, rocailles, etc., par Huet, Mondon, Chastelet, Queverdo, Eisen. Huit pièces.

218 — Titres de différentes suites d'ornements, fleurs, cartouches et fleurons divers. Trente-quatre pièces, par Eisen, Oppenort, Boucher, Baptiste, Huet, Bouchardon, Babel, Wouvermans, etc.

219 — Titres ou frontispices de livres du XVIIIe siècle, par ou d'après de Sève, Marillier, B. Picart, Eisen, Moreau, etc. Trente-sept pièces.

Très belles épreuves.

220 — Titres pour Histoire militaire de Flandre, — Nouveaux trophées ou cartouches, etc., — Deux rondeaux dans le genre italien, — Les Saisons. Cinq pièces, d'après Martinet, Marillier, Berthault et Watteau.

Belles épreuves.

221 — Armoiries, frises, fleurons, costumes, programmes, etc. Soixante-trois pièces.

ORNEMENTS

222 — **Divers**. Compositions diverses, d'après La Joue, Haberman, Hauer, C. Puer, Nilson, Pineau, D. Marot, Decker, etc. Dix-sept pièces.

223 — Fleurons, frises, vases, rétables, etc. du XVIIIe siècle. Trente-quatre pièces anciennes et reproductions.

224 — Fleurons, en-têtes, encadrements de pages, entrelacs, tirés de livres du XVIe siècle. Trente-sept pièces, en grande partie gravées sur bois.

225 — **Ducerceau** (J.-A.). Grotesques ou grandes arabesques. Quatorze pièces.

Belles épreuves.

226 — Cartouches et meubles. Trois pièces.

Belles épreuves.

227 — **Duflos**. Modèles de joaillerie en tous genres. Quinze pièces.

Très belles épreuves, toutes marges.

228 — **Eastonn**. Frises et ornements pour plafonds, publiés à Londres en 1753. Trois pièces.

Très belles épreuves. Rare.

229 — **École française XVIe siècle.** Motif d'ornement avec aigle au milieu.

Très belle épreuve.

230 — **Forty**. Cahier de six lustres, inventés et dessinés par J. F. Forty et gravés par Colinet.

Très belles épreuves, toutes marges.

231 — **Gérard** (Marc). Panneaux d'ornements ornés de figures d'hommes et d'oiseaux entrelacées de rinceaux. Trois pièces.

Belles épreuves.

232 — **Germain** (P.). Éléments d'orfèvrerie de table. Douze pièces tirées de la seconde partie de l'œuvre de Germain.

Belles épreuves.

ORNEMENTS

233 — **Gillot** (Cl.). Portières pour tapisseries. Thétis, Neptune, Diane et Bacus. Quatre pièces.

Très belles épreuves, toutes marges.

234 — **Girard.** Quatrième suite d'ornements dans le goût du crayon. Six pièces, — Autre suite de leçons d'ornement, dans le goût du crayon. Six pièces. En tout douze pièces.

Belles épreuves.

235 — **Hoppenhaupt.** Grand décor de lambris de salon, — Lumière. Deux pièces.

Très belles épreuves. Rares.

236 — **Huet** (C.). Singeries ou différentes actions de la vie humaine représentées par des singes, gravées sur les dessins de C. Huet, par J. Guelard. Dix pièces de deux suites différentes.

Belles épreuves.

237 — Nouveau livre de singes inventé par C. Huet, et gravé par Filloeul. A Paris chez Vanbeck. Suite de six pièces.

Belles épreuves.

238 — Trophées de chasse, dessinez par C. Huet et gravez par Guelard. Six pièces.

Belles épreuves.

339 — **Huet** (d'après J. B.). Premier et deuxième livres de différents trophées, gravés à la sanguine, par Demarteau. Huit pièces.

Belles épreuves. Rares.

240 — **Huet** (d'après J. B.) et **Dagommer.** Principes de dessin et ornements divers, trophées et sujets de chasse. Dix pièces imprimées en sanguine.

Très belles épreuves.

241 — **Jacque.** Vases nouveaux composés par M. Jacque, peintre et dessinateur en la manufacture royale des Gobelins. A Paris chez Daumont. Suite de six pièces.

Très belles épreuves, grandes marges.

ORNEMENTS

242 — **Lacollombe et Nerici.** Modèles d'arquebuserie et de serrurerie. Cinq pièces.

Belles épreuves.

243 — **La Joue et Le Sueur** (d'après). L'Optique et la Marine, — Vues intérieures de l'hôtel Lambert, etc. Six pièces.

Belles épreuves.

244 — **Lange.** Différents cartouches et ornements, gravés par de Poilly. Six planches de deux cahiers marqués F. et G.

Belles épreuves. Rares.

245 — **Le Roy** (H.). Frises avec oiseaux. Dix pièces.

Bonnes épreuves.

246 — **Loire** (A.). Nouveaux desseins de Gueridons dont les pieds sont propres pour des croix, chandeliers, chenets et autres ouvrages d'orfèvrerie et de sculpture, inventez et gravez par A. Loire. Six pièces.

Belles épreuves.

247 — **Lucotte.** L'art du menuisier. Suite de vingt pièces.

Très belles épreuves, toutes marges.

248 — **Meissonnier.** Partie de l'œuvre gravé de Just-Aurèle Meissonnier, ornements divers. Quarante-quatre pièces.

Belles épreuves.

249 — **Moreau.** Les Saisons. Suite de quatre pièces trophées, gravées par La Chaussée. Cahier L. L.

Belles épreuves. Rares.

250 — **Netto.** Modèles de dessins pour broderies sur soie à l'usage des dames. Dix-sept pièces en couleur.

Très belles épreuves. Rares.

251 — **Nilson.** Les Eléments, — Les Saisons, — La Danse, — La Musique pastorale, — Porte de jardin, Grotte, Cascade, etc. Dix-neuf pièces.

Belles épreuves.

ORNEMENTS

252 — **Oppenort.** Septième livre contenant des fontaines pour la décoration des jardins et places publiques, inventées par G. M. Oppenort et gravées par Huquier. Six pièces.

Très belles épreuves, marges.

253 — Compositions diverses d'ornements tirées du Grand et du Petit Oppenort. Huit pièces.

Belles épreuves.

254 — **Peyrotte.** Trophées d'art et d'amour. Suite de six pièces gravées par Thérèse Martinet.

Belles épreuves, avec marges.

255 — Trophées d'art et d'amour. Suite de six pièces gravées par Thérèse Martinet.

Très belle épreuves, toutes marges.

256 — **Pillement.** Titre, fleurs, cabanes chinoises, etc. Dix-huit pièces.

Belles épreuves.

257 — **Pineau.** Nouveaux desseins de pieds de tables et de vases et consoles de sculpture en bois inventés par le sieur Pineau. Cinq pièces.

Belles épreuves.

258 — **Ranson.** IVe cahier de trophées dessinés par Ranson et gravés par Juillet. Six pièces. A Paris, chez la veuve Avaulez.

Belles épreuves.

259 — VIIIe cahier d'ornement pour la boiserie d'appartement, dessinés par Ranson et gravés par Juillet. Six pièces. A Paris, chez la veuve Avaulez.

Très belles épreuves.

260 — XIIIe cahier de chiffres dessinés par Ranson et gravés par Juillet. A Paris, chez la veuve Avaulez. Rare.

Très belles épreuves, toutes marges, dont une un peu déchirée.

ORNEMENTS

261 — **Ranson.** Grand lit à la duchesse dans le goût le plus nouveau. Rare.

262 — Nouveau recueil de jolies trophées, cartouches, fleurs et fruits utile aux artistes de tous genres, inventés par le sieur Ranson, peintre, gravé par Berthault. Cinq pièces. A Paris, chez Mond'hare.

Belles épreuves, marges.

263 — Vases, trophées et panneaux. Quatorze pièces de divers cahiers.

264 — **Saint-Aubin.** Premier recueil de chiffres inventés par de Saint-Aubin, dessinateur du roi, gravés par Marillier. Sept pièces.

Très belles épreuves, grandes marges, plus trois pièces d'un autre recueil.

265 — **Sallambier.** 11me cahier d'ornements et frises. Cinq pièces gravées par Juillet, 1777. Trophées gravées à la sanguine par Bonnet. Deux pièces.

Belles épreuves.

266 — **Solis et de Bry**. Frises avec portraits, — Ornement pour orfèvre. Quatre pièces.

Belles épreuves.

267 — **Thoreau.** Bordures, pour modèles de broderies et tapisseries. Quatre épreuves de la même pièce.

268 — **Tiepolo.** Sujets religieux et allégoriques, pour plafonds, ornements, etc. Six pièces.

Belles épreuves.

269 — **Vinsac**. Cahier de girandoles de bureau, troisième cahier de l'œuvre, — Bouts de tables ou salières doubles, sixième cahier de l'œuvre. Huit pièces.

Très belles épreuves, grandes marges.

ORNEMENTS

270 — **Watteau** (d'après Ant.). Le Berger content, — Le Marchand d'Orviétan, — La Favorite de Flore, — L'Heureux moment. Suite de quatre pièces arabesques en largeur, gravées par Crepy et Moyreau.

Très belles épreuves, toutes marges.

271 — La Cause badine, — Les Enfans de Momus. Deux pièces arabesques en largeur, gravées par J. Moyreau.

Très belles épreuves, toutes marges,

272 — La Déesse, — La Pellerine altérée. Deux pièces arabesques gravées par Huquier.

Très belles épreuves, toutes marges.

273 — Le Dénicheur de moineaux, par Boucher.

Très belle épreuve, toute marge.

274 — Le Duo champêtre, — Le Présent champêtre. Deux pièces arabesques en largeur, gravées par Huquier.

Très belles épreuves, marges.

275 — Paravent de six feuilles. Suite de six pièces arabesques en hauteur, imprimées sur trois feuilles, gravées par Crepy.

Très belles épreuves, toutes marges.

276 — Les Saisons. Suite de quatre pièces arabesques en hauteur, gravées par F. Boucher.

Très belles épreuves, marges.

LIVRES

277 — **Album** de reliures artistiques et historiques, accompagné de notices explicatives par le bibliophile Julien. Première partie. Paris, librairie Bachelin-Deflorenne, 1869. Un vol. in-4, cart.

LIVRES

278 — **Basan.** Catalogue raisonné des différens objets de curiosité dans les sciences et arts, qui composaient le Cabinet de feu M. Mariette. Paris, 1775. Titre gravé d'après Moreau et frontispice gravé par Choffard d'après Cochin. Un vol. in-8, veau.

279 — **Baudot.** La Sculpture française au moyen âge et à la renaissance, ouvrage publié sous la direction de A. de Baudot, comprenant environ 400 motifs photographiés par Mieusement. Paris, 1884. Un vol. in-folio, demi-rel. veau.

280 — **Becker.** Objets d'art et meubles de luxe du moyen âge et de la renaissance, dessinés et publiés par C. Becker et J.-H. Von Hefner-Alteneck. Francfort-sur-Mein, 1852, 1863. Trois vol. gr. in-4, demi-rel. mar. bleu. Figures en couleur.

281 — **Bergery.** Géométrie appliquée à l'industrie, à l'usage des artistes et des ouvriers, par C.-L. Bergery. Metz et Paris, 1835. Un vol. in-8 cart.

282 — **Blanc.** Grammaire des arts du dessin, architecture, sculpture, peinture, par M. Charles Blanc. Paris, Vve Jules Renouard, 1867. Un vol. gr. in-8, demi-rel. mar. rouge.

283 — **E. Bocher.** Catalogue raisonné de l'œuvre gravé de Jean-Michel Moreau le jeune. Paris, Damascène Morgand et Charles Fatout, 1882. Un vol. gr. in-4, cart.

284 — Catalogue raisonné de l'œuvre gravé de Augustin de Saint-Aubin. Paris, Damascène Morgand et Charles Fatout, 1879. Un vol. gr. in-4, cart.

285 — Catalogues raisonnés des œuvres gravés de P.-A. Baudoin, — J.-B. Siméon Chardin, — N. Lancret, — N. Lavreince. A Paris, à la Librairie des Bibliophiles, 1875-1877. 4 vol. gr. in-4, cartonnés.

LIVRES

286 — **Boffrand**. Livre d'architecture contenant les principes généraux de cet art et les plans, élévations et profils de quelques-uns des batimens faits en France et dans les pays étrangers, par le sieur Boffrand. A Paris, chez Guillaume Cuvelier, 1745. Un vol. in-fol., cart.

287 — **Boillot.** Nouveaux pourtraitz et figures de termes pour user en l'architecture, composez et enrichis de diversité d'animaux, representez au vray, selon l'antipathie et contrariété naturelle de chacun d'iceulx, par Joseph Boillot. Imprimé à Langres, par Jehan des Prey, s. d. Un vol. in-fol., vel.

288 — **Bonnaffé.** (Edmond). Causeries sur l'art et la curiosité, frontispice par Jules Jacquemart. Paris, A. Quantin, 1878. Un vol. in-8, cart.

289 — **Bosc.** Dictionnaire de l'art, de la curiosité et du bibelot, par Ernest Bosc. Paris, librairie de Firmin-Didot et Cie, 1883. Un vol. gr. in-8, cart.

290 — **Bourgoin.** Les Arts arabes, architecture, menuiserie, bronzes, plafonds, revêtements, marbres, pavements, vitraux, etc., avec une table descriptive et explicative et le trait général de l'art arabe, par Jules Bourgoin. Paris, Vve A. Morel et Cie, 1873. Un vol. in-fol. demi-rel. veau.

291 — **Brunel de Varennes.** L'Art du dessin chez les Grecs, ou méthode élémentaire du dessin considéré dans ses rapports d'utilité générale pour les sciences et pour les arts. Paris, 1816. Un vol. in-8, cart.

292 — **Catalogues.** Collection d'estampes de M. Octave de Behague, 1877. — Objets d'art et de haute curiosité, composant la collection de feu M. Benjamin Fillon, 1882. 2 vol. gr. in-8, cart.

LIVRES

293 — **Clerget**. Motifs d'ornements du XVIe siècle ou matériaux rares et inédits pour toutes les professions qui ont l'ornement pour base ou pour auxiliaire, choisis, dessinés et gravés par E. Clerget, Dupuis et H. Brevière. Paris, Aubert, 1840. Un vol. in-4, cart.

294 — **Daniel.** Collection complète de chiffres doubles, composée et dédiée aux artistes industriels, par S. Daniel. Paris, s. d. Un vol. in-8, cart.

295 — **De la Faye.** Recherches sur la préparation que les Romains donnaient à la chaux dont ils se servaient pour leurs constructions, et sur la composition et l'emploi de leurs mortiers. Paris, 1777. Un vol. in-8, veau.

296 — **Delange.** Recueil de toutes les pièces connues jusqu'à ce jour de la faïence française, dite de Henri II et Diane de Poitiers, dessinées par Carle Delange, et publiées par MM. Henri et Carle Delange. Paris, 1861. Un vol. in-fol., demi-rel. mar. brun., dos et coins. Texte, titre frontispice et cinquante et une planches en couleur.

297 — **Didron.** Manuel des œuvres de bronze et d'orfèvrerie du moyen âge, par Didron aîné. Paris, 1859. Un vol. in-4., cart.

298 — **Didron.** Iconographie chrétienne. Histoire de Dieu. Paris 1843., Un vol. in-4. demi-rel. veau.

299 — **Dietterlin** (Wendel). Architectura von austherlung symetrica und proportion der funff seulen. Und aller darausz volgender Kunst arbeet, von Fenstern, Carminen, Thurgerichten, Portalen, Bronnen und Epitaphen, etc. Durch wendel Dietterlin Mallern zu Strasburg. Nuremberg, 1655. Un vol. in-fol. vel., contenant 209 planches.

LIVRES

300 — **Divers.** Pratique de la Géométrie sur le papier et sur le terrain. Paris, Jombert, 1682. — Mémoires critiques d'architecture. Paris, Saugrain, 1702. — Recueil de quelques pièces concernant les arts. Paris, Jombert, 1757. — Traité des vernis. Paris, veuve Laurent, 1733. — Nouveau recueil de curiositez les plus rares et admirables de tous les effets qne l'art et la nature sont capables de produire. Leyde, 1688. Cinq vol. in-8, veau et velin.

301 — **La Doctrine** des chrétiens, extraite du vieil et nouveau Testament. Imprimé à Lyon par Macé Bonhomme s. d. Plaquette de seize feuillets avec bordures gravées sur bois. In-8, demi-rel. vel.

302 — **Du Cerecau.** Leçons de perspective positive, par Jacques Androuet Du Cerceau. A Paris, par Mamer Patisson, 1576. Un vol. in-fol. vel.

303 — **Dussieux.** Recherches sur l'histoire de la peinture sur émail dans les temps anciens et modernes et spécialement en France, par L. Dussieux. Paris, 1841. Un vol. in-8, cart.

304 — **Du Sommerard.** Musée des Thermes et de l'hôtel de Cluny. Catalogue et description des objets d'art de l'antiquité, du moyen âge et de la renaissance, exposés au musée par E. Du Sommerard. Paris, 1883. Un vol. in-8, cart.

305 — **Ebers** (Georges). L'Égypte, Alexandrie et le Caire. Traduction de Gaston Maspero. Paris, librairie de Firmin-Didot et Ce, 1880. Un vol. gr. in-4, demi-rel. mar. Laval.

306 — **Ebers** (Georges). L'Égypte. Du Caire à Philœ. Traduction de Gaston Maspero. Paris, librairie de Firmin-Didot et Ce, 1881. Un vol. gr. in-4. demi-rel. mar. Laval.

LIVRES

307 — **Essai** sur la manière de mélanger et composer toutes les couleurs, par M. Auguste-Louis Pfannenschmidt. Lausanne, 1782. Un vol in-8, veau.

308 — **Etex.** Cours élémentaire de dessin, appliqué à l'architecture, à la sculpture, à la peinture, ainsi qu'à tous les arts industriels, par Antoine Etex. Paris, 1853. Un vol. in-8, demi-rel. bas.

309 — **Félibien.** Des principes de l'architecture, de la sculpture, de la peinture et des autres arts qui en dépendent, par M. Felibien. Troisième édition. Paris, 1697. Un vol. in-4, cart. non rogné.

310 — **Feuillet de Conches.** Causeries d'un curieux; variétés d'histoire et d'art, tirées d'un cabinet d'autographes et de dessins, par F. Feuillet de Conches. Paris, Henri Plon. 1862-1868. Quatre vol. in-8, cart.

311. — **Fleurimont.** Médailles de Louis XIV et de Louis XV. Un vol. in-4, demi-rel. bas.

312 — **Garnier.** Histoire de la Céramique, poteries, faïences et porcelaines chez tous les peuples, depuis les temps anciens jusqu'à nos jours, par Edouard Garnier. Préface par M. Paul Gasnault. Tours, Alfred Mame et fils. 1882. Un vol. in-8, cart.

313 — **Germain.** Eléments d'orfèvrerie divisés en deux parties de cinquante feuilles chacune, composés par Pierre Germain, marchand orfèvre, joaillier à Paris. Première et seconde parties. Se vendent à Paris, chez l'auteur, 1748. Un vol. in-4, veau marbré.

Très bel exemplaire de la première édition, portant sur le titre la signature de Germain.

314 — **De Goncourt.** Catalogue raisonné de l'œuvre peint, dessiné et gravé d'Antoine Watteau, par Edmond de Goncourt. Paris, Rapilly, 1875. Un vol. in-8, cart.

LIVRES

315 — **Gonse** (L.). L'Art ancien à l'Exposition de 1878, sous la direction de M. Louis Gonse. Paris, 1879. Un vol. in-4, demi-rel, veau.

316. — **Goya**. La Taureaumachie, recueil de quarante estampes inventées et gravées à l'eau-forte par Don Francisco Goya y Lucientes. Paris, Loizelet, sans date.

317 — **Guigard** (J.). Armorial du bibliophile avec illustrations dans le texte. Paris, librairie Bachelin-Deflorenne, 1870-1873. Deux tomes en un vol. in-8, demi-rel. veau.

318 — **Guilmard**. Les Maîtres ornemanistes dessinateurs, peintres, architectes, sculpteurs et graveurs, par D. Guilmard, précédé d'une introduction par M. le baron Davillier. Paris, E. Plon et Ce, 1880. Deux vol. gr. in-8, demi-rel. mar. rouge, dos et coins.

319 — **Guyau**. L'Art au point de vue sociologique. Paris, 1889. Un vol. in-8, cart.

320 — **Havard**. L'Art à travers les mœurs, par Henry Havard, illustrations par C. Goutzwiller. Paris, 1882. Un vol. gr. in-8, demi-rel. veau.

321 — **Huquier** (J.-G.). Livres de différentes espèces d'oiseaux, plantes et fleurs de la Chine, divisés en quatre parties, numérotées de 1 à 60. Plus : Recueil de groupes de vases, de fleurs et trophées de la Chine. 5e partie, de 1 à 12. Un vol. in-fol., cart.

Toutes ces suites sont d'une grande rareté. Notre exemplaire est incomplet des nos 29, 30 et 1 et 2 de la 5e partie, qui sont remplacés par des calques.

322 — **Huyvetter**. Zeldzaamheden vezameld en uitgegeven door Joan d'Huyvetter. Gent. P. F. de Goesin-Verhaegue, 1829. Un vol. in-fol., cart.

LIVRES

323 — **Jacquemart et Le Blant.** Histoire artistique, industrielle et commerciale de la porcelaine, par Albert Jacquemart et Edmond Le Blant; enrichie de 26 planches gravées à l'eau-forte par Jules Jacquemart. Paris, J. Techener, 1862. Un vol. gr. in-8, demi-rel. bas.

324 — **Jacquemart.** Histoire du mobilier, recherches et notes sur les objets d'art qui peuvent composer l'ameublement et les collections de l'homme du monde et du curieux, par Albert Jacquemart. Paris, librairie Hachette et Cᵉ, 1876. Un vol. in-8, demi-rel. mar. rouge.

325 — **Jacquemart (J.).** Histoire de la bibliophilie. Paris, Techener, 1864. Suite de 47 planches et 3 planches d'armoiries. Un vol. in-fol., demi-rel. veau. Manque les nᵒˢ 1 et 6.

326 — **Jeanron.** Origine et progrès de l'art, — Etudes et recherches, par P. A. Jeanron. Paris, 1849. 1 vol. in-8, cart.

327 — **Jeaurat.** Traité de perspective à l'usage des artistes, par Edme Sébastien Jeaurat. Paris, 1750. Un vol. in-4, veau.

328 — **Labarte.** Histoire des arts industriels au moyen âge et à l'époque de la Renaissance, par Jules Labarte. Paris, librairie A. Morel et Cᵉ, 1864-1866. Quatre vol. in-8 de texte et deux vol. in-4 de planches, mar. brun.

329 — **Lacroix (Paul).** Dix-huitième siècle, institutions, usages et costumes, France, 1700-1789. Ouvrage illustré de 21 chromolithographies et de 350 gravures sur bois. Paris, librairie de Firmin-Didot et Cᵉ, 1875. Un vol. in-4, demi-rel. mar. rouge, dos et coins.

330 — Dix-huitième siècle. Lettres, sciences et arts, 1700-1789. Ouvrage illustré de 16 chromolithographies et de 250 gravures sur bois. Paris, librairie de Firmin-Didot et Cᵉ, 1878. Un vol. in-4, demi-rel. veau.

LIVRES

331 — **Lassus.** Album de Villard de Honnecourt, architecte du XIIIe siècle, manuscrit publié en fac-similé, annoté, précédé de considérations sur la renaissance de l'art français au XIXe siècle, et suivi d'un glossaire par J. B. A. Lassus. Paris, Imprimerie Impériale, 1858. Un vol. in-4, demi-rel. veau.

332 — **Le Muet.** Reigle des cinq ordres d'architecture de Vignolle, revues, augmentées et réduites de grand en petit par Le Muet. Lyon, s. d. Un vol. in-8, veau.

333 — **Libri.** Monuments inédits ou peu connus, faisant partie du cabinet de Guillaume Libri, et qui se rapportent à l'histoire de l'ornementation chez différents peuples. Seconde édition, augmentée de plusieurs planches. Londres, 1864. Un vol. in-fol., cart.

334 — **Lomazzo.** Traité de la proportion naturelle et artificielle des choses, par Jean Pol Lomazzo... Traduit d'italien en français par Hilaire Pader. A. Tolose, par Arnaud Colomiez, 1649. Un vol. in-fol., cartonné.

335 — **W. Lubke.** Essai d'histoire de l'art, traduit par C. Ad. Koëlia, architecte, d'après la neuvième édition originale. Ouvrage illustré de 619 gravures sur bois. Paris, 1886. Deux vol. in-8, cart.

336 — **Malpez.** Notices sur les graveurs qui nous ont laissé des estampes marquées de monogrammes, chiffres, rébus, lettres initiales, etc..., suivies d'une table qui en donne l'explication. Besançon, 1807-1808. Deux vol. in-8, cart.

337 — **Marolois.** La Perspective, contenant tant la théorie que la practique et instruction fondamentale d'icelle, remise en volume plus commode qu'auparavant, par Samuel Marolois. Amsterdam, chez Jan Jansen, 1638. Un vol. in-fol. vél., fig.

LIVRES

338 — **Mayeux**. La Composition décorative, texte et dessins, par Henri Mayeux. Paris, Quantin, 1885. Un vol. in-8, cart.

339 — **Muntz**. Les Précurseurs de la Renaissance, par Eugène Muntz. Librairie de l'Art. Paris et Londres, 1882. Un vol. in-4, demi-rel. veau.

340 — **Naudin**. Les Plantes à feuillage coloré; histoire, description, culture, emploi des espèces les plus remarquables pour la décoration des parcs, jardins, serres, appartements, précédé d'une introduction, par Charles Naudin. Paris, J. Rothschild, 1874. Deux tomes en un vol. in-8, demi-rel. mar. r.

341 — **Normand**. L'Architecture des nations étrangères, étude sur les principales constructions du parc à l'Exposition universelle de Paris 1867, par Alfred Normand. Paris, A. Morel, 1870. Un vol. in-fol., demi-rel. mar. r.

342 — L'Hôtel de Cluny, par Charles Normand. Héliogravures et eaux-fortes de P. Dujardin, G. Garen, Kadar, Sulpis, etc. Paris, A Lévy, 1888. Un vol. gr. in-4, demi-rel. veau.

343 — **Observations** sur le coloris, le dessin et les beaux airs des têtes que l'on remarque dans les tableaux des peintres célèbres, par Rocamir de la Torre. Toulouse, 1855. Un vol. in-8, cart.

344 — **Œuvres** complètes d'Etienne Falconet. Paris, 1808. Trois vol. in-8, cart.

344 *bis* — **Ornamente der Holzsculptur** von 1450 bis 1820 aus dem Bayreischen National-Museum. Geordnet und beschrieben von Dr. J. H. von Hefner-Alteneck. Aufgenommen und in unvänderlichem Lichtdruck ausgeführt von J. B. Obernetter in Nünchen. Frankfort am Main Verlang von Heinrich Keller 1881.

LIVRES

345 — **Owen-Jones**. The Grammar of ornament, illustrated by examples from various styles of ornament. One hundred folio plates, drawn on stone by F. Bedford, and printed in colours by Day and son. London, 1856. Un vol. gr. in-fol., demi-rel. chag., dos et coins.

346 — **Pellassy de l'Ousle.** Histoire du palais de Compiègne, chroniques du séjour des souverains dans ce palais, écrites d'après les ordres de l'empereur, par J. Pellassy de l'Ousle. Paris, Imprimerie Impériale, 1862. Un vol in-4, demi-rel. veau.

347 — **Péquégnot**. Ornements, vases et décorations, d'après les maîtres, par Péquégnot, 1856. Un vol. in-4, cart., contenant 102 planches.

348 — **Pfnor**. Architecture, décoration et ameublement, époque Louis XVI, dessinés et gravés d'après des motifs choisis dans les palais impériaux, le mobilier de la couronne, les monuments publics et les habitations privées, avec texte descriptif par Rodolphe Pfnor. Paris, A. Morel, 1865. Un vol. in-fol., demi-rel. mar. rouge, dos et coins.

349 — **Popelin**. L'Émail des peintres, par Claudius Popelin. Paris, Lévy, 1866. Un vol. in-8, cart.

350 — **Principes** du blason en quatorze planches... Chacune de ces planches est accompagnée d'une explication. Paris, chez Grégoire Dupuis, 1711. Un vol. in-fol., cart.

351 — **Prisse d'Avennes.** L'Art arabe d'après les monuments du Caire, depuis le VIIe siècle jusqu'à la fin du XVIIIe, par Prisse d'Avennes. Paris, veuve Morel et Cie, 1877. Trois vol. in-fol. de planches. Un vol. in-4 de texte, demi-rel. mar. viol., dos et coins.

LIVRES

352 — **Quatremère de Quincy**. Essai sur la nature, le but et les moyens de l'imitation dans les beaux-arts. Paris, 1823. Un vol. in-8, cart.

353 — **Racinet**. La Céramique japonaise, par G.-A. Audsley et James L. Bowes. Edition française, publiée sous la direction de M. A. Racinet. Traduction de M. P. Louisy. Paris, librairie de Firmin-Didot et Cie, 1877. Un vol. gr. in-4, demi-rel. mar. Laval., dos et coins.

354 — **Recueil** contenant une suite de vingt vases, par Jean Marot, — Vases et ornements, par Lepautre, Polydore, etc., etc. Quatre-vingt-huit planches en un vol. in-8, cart.

355 — **Renoir**. Collection complète de chiffres et monogrammes, par H. Renoir, élève de S. Daniel. Paris, s. d. Un vol. in-4, demi-rel. mar. r., dos et coins.

356 — **Revue** des arts décoratifs, première année, 1880-1881. Un vol. in-4, demi-rel. veau.

357 — **Robinson**. Eastern carpets twelve early examples, with descriptive notices by Vincent J. Robinson, and a preface by sir George Birdwood. London, 1882. Un vol. in-fol., vel.

358 — **Roddaz**. L'Art ancien à l'exposition belge, publié sous la direction de M. Camille de Roddaz. Bruxelles et Paris, 1882. Un vol. in-4, demi-rel. veau.

359 — **Roussel**. Histoire et description du château d'Anet, depuis le xe siècle jusqu'à nos jours, précédée d'une notice sur la ville d'Anet, terminée par un sommaire chronologique sur tous les seigneurs qui ont habité le château et sur ses propriétaires, et contenant une étude sur Diane de Poitiers. Imprimé à Paris par D. Jouaust. Dreux et Anet, 1873-1875. Un vol. in-fol., demi-rel. veau.

LIVRES

360 — **Saint-Aubin.** L'Art du brodeur, par M. de Saint-Aubin, 1770. Un vol. in-fol. cart.

361 — **Sauvageot.** Palais, châteaux, hôtels et maisons de France du XVe au XVIIIe siècle, par Claude Sauvageot. Paris, veuve A. Morel, 1867. Quatre vol. gr. in-4, demi-rel. mar. viol.

362 — **Solon.** Inventions décoratives, par L. Solon, 1865. Cinquante planches. Un vol. in-fol., demi-rel. mar. r.

363 — **Tapisseries** du roy, où sont representez les quatre Elemens et les quatre Saisons, avec les devises qui les accompagnent et leur explication. Augsbourg, 1687. Un vol. in-fol., demi-rel., bas

364 — **Tardieu et Coussin.** Les dix livres d'architecture de Vitruve, avec les notes de Perrault. Nouvelle édition, revue, corrigée et augmentée d'un grand nombre de planches et de notes importantes, par E. Tardieu et A. Coussin fils, architectes. Paris, A. Morel et Cie, 1859. Deux vol. in-4, demi-rel. veau.

365 — **Tortorel et Perrissin.** Premier volume, contenant quarante tableaux ou histoires diverses qui sont mémorables touchant les guerres, massacres et troubles advenus en France en ces dernières années; le tout recueilly selon le tesmoignage de ceux qui y ont été en personne et qui les ont veus, lesquels sont pourtraits à la vérité. Titre et trente-huit planches en portefeuilles. In-fol.

Très belles épreuves doublées.

366 — **Vecellio.** Corona delle nobili et vertuose donne nel quale si dimostra in varie dissegni molte sorti di Mostre di punti in Arici, Punti a reticelli, etc. In Venetia appresso Cesare Vecellio, 1592. Titre et vingt-cinq planches. Un vol. petit in-4 obl. veau.

LIVRES

367 — **Viollet-le-Duc**. Histoire d'un dessinateur, comment on apprend à dessiner. Texte et dessins par Viollet-le-Duc. Paris, J. Hetzel, sans date. Un vol. in-8, cart.

368 — Histoire de l'habitation humaine, depuis les temps préhistoriques jusqu'à nos jours. Texte et dessins par Viollet-le-Duc. Paris, J. Hetzel et Cie, s d. Un vol. in-8, cart.

369 — **Vitruve**. Di Lucio Vitruvio Pollione de architectura libri dece traducti de latino in vulgare affigurati; comentati et conmirando ordine insigniti, per il quale facilmente potrai trovare la multitudine de li abstrusi et reconditi vocabuli a li soi loci et in epsa tabula con summo studio expositi et enucleati a dimmensa utilitate de ciascuno studioso et benivolo di epsa opera. Gotardus de Ponte, 1521. Un vol. in-fol. vel.

Imp. D. Dumoulin et Cie, Paris.

PARIS

IMPRIMERIE D. DUMOULIN ET Cie

5, RUE DES GRANDS-AUGUSTINS, 5

www.ingramcontent.com/pod-product-compliance
Ingram Content Group UK Ltd.
Pitfield, Milton Keynes, MK11 3LW, UK
UKHW020403220726
13923UKWH00004B/1707

9 782019 309084